POLYEUCTE

ET LE ZÈLE TÉMÉRAIRE,

PAR

M. EDMOND LE BLANT.

EXTRAIT

DES MÉMOIRES DE L'ACADÉMIE DES INSCRIPTIONS ET BELLES-LETTRES

TOME XXVIII, 2e PARTIE.

PARIS.

IMPRIMERIE NATIONALE.

M DCCC LXXVI.

POLYEUCTE

ET LE ZÈLE TÉMÉRAIRE.

L'un des chefs-d'œuvre de Corneille nous retrace en traits émouvants un épisode des persécutions païennes. Renversant les idoles, proclamant devant le peuple assemblé l'indignité des dieux de l'Olympe et courant de lui-même à la mort, Polyeucte est devenu pour nous, par l'autorité du génie, l'un des grands types du martyr chrétien. La vérité historique en peut, à ce point de vue, recevoir une atteinte. Selon les rigoureuses lois de la discipline des anciens âges, Polyeucte ne serait pas un martyr; l'acte même de violence qui a illustré sa mémoire l'exclurait de tout droit à ce titre.

« C'est une tradition, dit Voltaire [1], que tout l'hôtel de Ram-« bouillet, et particulièrement l'évêque de Vence, Godeau, « condamnaient cette entreprise de Polyeucte; on disait que « c'était un zèle imprudent, que plusieurs évêques et plusieurs « synodes avaient expressément défendu ces attentats contre « l'ordre et contre les lois; qu'on refusait même la communion « aux chrétiens qui, par des témérités pareilles, avaient exposé

[1] *Commentaire sur Polyeucte*, acte II, scène VI, vers 7

Polyeucte.

« l'Église entière à des persécutions. » Voilà tout ce que nous savons aujourd'hui de la critique adressée à un homme nourri de l'étude des anciens et aussi bien éclairé sans doute que l'étaient ses contradicteurs sur l'acte violent de Polyeucte[1]. Quoi qu'il en soit, la question soulevée par les contemporains du grand Corneille touche à un point fondamental dans l'histoire de l'Église primitive, et sur lequel on me permettra d'appeler un moment l'attention.

Ce n'est pas dans les Actes sincères, comme les a nommés Ruinart, que le prince de nos poëtes tragiques a trouvé l'histoire de son héros. Une légende sans autorité a servi de sujet à son œuvre[2]; c'est elle qu'il a rendue vivante et parée de si riches couleurs. Des deux récits que les anciens nous ont transmis sur la mort de Polyeucte, un seul parle des idoles renversées; l'autre se borne à rapporter que le saint en avait publiquement condamné le culte[3]. Rien ne nous apprend donc nettement comment le titre de martyr fut conquis par le grand chrétien, « dont beaucoup, suivant le mot de Corneille, ont « plutôt appris le nom à la comédie qu'à l'église. »

Ce n'était point sans de longues enquêtes, sans un sérieux concours de témoignages, que l'on inscrivait, aux temps antiques, un nom sur la liste des martyrs. Lorsqu'un fidèle mourait dans les supplices, condamné par le juge païen, une information s'ouvrait : était-ce bien pour la seule foi du Christ qu'il avait été

[1] Les premières paroles que Néarque adresse à Polyeucte, en apprenant son dessein, rendent avec une irréprochable exactitude la pensée des Pères, en ce qui touche les entreprises violentes contre les objets du culte païen : l'homme peut faiblir dans les supplices auxquels il s'expose, dit Néarque, et Dieu ne commande pas de telles actions (acte II, scène VI). C'est ainsi, comme on le verra plus loin, qu'ont parlé l'Église de Smyrne, Origène, le concile d'Elvire et saint Ambroise.

[2] Voir la note de Ruinart sur le ch. CII du *De gloria martyrum* de Grégoire de Tours.

[3] Bolland. 13 feb. p. 652 et 653.

mis à mort? Avait-il su trouver la force de persister jusqu'à son dernier souffle[1]? N'avait-il pas, par quelque violence, défié les persécuteurs? C'étaient là autant de points que l'Église s'appliquait à élucider, avant d'appeler sur un de ses fils la vénération de tous. Deux causes rendaient indispensables une telle enquête; l'erreur ou le mauvais vouloir des païens, celui des hérétiques, la simplicité des fidèles. Lorsque tombait une sainte victime, les persécuteurs, incapables de pénétrer le secret d'un tel sacrifice, cherchaient à le diminuer : la légèreté, la folie, la soif d'une vaine gloire, telle était pour eux l'explication de cet étrange mystère[2]. Dans les Actes réunis par Ruinart, un magistrat dit à un chrétien que le nombre de ses dettes et le désespoir lui font seuls chercher la mort[3]; le livre des *Philosophumena* nous montre les hérétiques affirmant que des actes d'improbité avaient été la cause première des condamnations qui avaient valu à saint Calliste le titre de martyr[4]. Il ne fallait pas que de tels soupçons pesassent sur la mémoire de ceux qui avaient souffert pour le Christ. Dans le camp des chrétiens, un autre écueil : la foule avait ses entraînements, et, trop facilement parfois, saluait comme des martyrs des personnages que l'Église se refusait à inscrire au nombre de ses saints. Le sol se couvrait ainsi de tombeaux où l'on venait follement apporter des vœux et des prières, et qu'un concile d'Afrique ordonna de détruire[5].

[1] *Passio s. Theodori*, § 9 (Ruinart, *Acta sincera*, éd. de 1713, p. 340).

[2] Marc. Aurel. XI, 3; *Acta s. Tarachi*, § 4 et 7 (*Acta. sinc.* p. 428 et 436), etc.

[3] *Passio s. Theodoriti* (*Acta sincera*, p. 590).

[4] Lib. IX, § 12.

[5] S. Optat. *De schismate Donatistarum*, l. III, c. IV, p. 57; *Codex canon. eccl. Afric.* c. LXXXIII, *De falsis memoriis martyrum*, cf. Sulp. Sev. *De vita B. Martini*, c. XI (al. VIII) pour le faux martyr dont saint Martin détruisit le culte. Voir encore le fait rappelé par Socrate, *H. E.* Lib. VII, c. XIV

Devancer le jugement de l'Église dans la vénération d'un mort était chose grave et condamnée, et saint Optat nous dit l'histoire d'une femme que réprimanda le diacre Cæcilianus pour le culte qu'elle rendait aux reliques d'un homme peut-être mort martyr, mais qui n'avait pas encore été déclaré tel : « Nescio cujus hominis, et si martyris sed nondum vindicati[1]. » *Vindicatus, probatus,* tels étaient les mots qui désignaient, chez les anciens, ceux dont les noms étaient officiellement inscrits aux martyrologes, et cette dernière expression, empruntée, comme tant d'autres mots chrétiens, au langage des camps[2], figure dans une inscription romaine qui en dit la portée et la valeur :

. . . MONSTRANTE DEO DAMASVS SIBI PAPA PROBATOS
AFFIXO MONVIT CARMINE IVRE COLI[3].

Ceux des chrétiens vraiment dignes de ce nom dont l'Église voyait avec regret ou repoussait même le sacrifice étaient de deux sortes. Les uns, marchant au-devant d'un péril dont ils n'étaient pas menacés, proclamaient hautement leur croyance, se dévouant ainsi d'un cœur tranquille aux supplices et à la mort. Une telle marque de résolution ne suffisait pas aux âmes impétueuses; de plus ardents s'emportaient en injures contre les dieux, contre le souverain ou, comme on l'a dit de Polyeucte, renversaient les autels, les idoles, appelant ainsi sur eux toute la colère des païens. Bien qu'à un degré différent, les deux actes étaient également interdits par l'Église; c'est sur cette double prohibition, devant laquelle le devoir parut à quelques-uns obscur, que je m'arrêterai un instant.

[1] Lib. I, c. XVII.

[2] *Inscriptions chrétiennes de la Gaule*, t. I, p. 81.

[3] Marini, dans Mai, *Collectio Vaticana*, t. V, p. 411, n° 8. Cf. de Rossi, *Roma sotterranea*, t. I, p. 217, 218.

I

C'était déjà un acte grave, c'était tenter Dieu, dit un Père[1], que de s'exposer au péril de confesser sa foi dans les tourments. « Lorsqu'on vous persécutera dans une ville, retirez-« vous dans une autre, » avait dit Jésus-Christ, et le plus grand nombre des fidèles voyaient dans ces mots un commandement qu'il n'était pas permis d'enfreindre. Saint Cyprien, dont le grand évêque d'Hippone répète et appuie les paroles, l'auteur des *Stromates,* Origène, Mensurius de Carthage, saint Pierre d'Alexandrie, saint Ambroise, saint Grégoire de Nazianze, proclament hautement la règle divine, hors de laquelle il n'est pour eux qu'irréflexion et folle témérité. « Le maître a dit, écrit l'un d'eux répétant les paroles du Christ, le maître a dit : « On « vous livrera aux magistrats, aux princes de ce monde; » il n'a « point dit : Vous vous livrerez de vous-mêmes[2]. » Quand la persécution de Maximin se déchaîna contre l'Église, les parents de saint Basile « sentirent s'élever dans leur âme le désir de com-« battre pour le Seigneur; mais ils voulaient par-dessus tout que « leur combat fût légitime. Or telle est la loi du martyre : le « chrétien ne doit pas lui-même s'exposer à la persécution, aussi « bien pour épargner un crime aux infidèles que pour ména-« ger sa propre faiblesse; mais, lorsque nous nous trouvons face « à face avec la lutte, nous ne devons pas nous y soustraire; « c'est témérité que de s'offrir; c'est lâcheté que de se refuser. « Suivre l'ordre du divin législateur, telle fut pour les parents

[1] S. Athanas. *Apol. de fuga sua*, § 22.

[2] S. Cypr. *Epist.* LXXXIII ad clerum et plebem; *Acta s. Cypriani*, § 1 (*Acta sinc.* p. 216); S. August. *Contra Gaudent.* lib. I, c. XXXI, n° 40; Clem. Alex. *Strom.* lib. IV, c. IV, in fine; Origen. *Comment. in Joh.* XXVIII, § 18; S. August. *Brevicul. collat. cum Donatistis,* Dies III, c. XIII, § 25 (pour Mensurius); Petr. Alex. *Canones,* c. IX et XIII; S. Ambros. *De offic. ministr.* lib. I, c. XXXVII, § 187; S. Greg. Naz. *Orat.* XLIII, in laudem Basilii magni, § 5.

« de saint Basile la règle étroite, indiscutable[1]. » Ainsi parle saint Grégoire de Nazianze, et ces mots résument exactement les préceptes autrefois répandus et encore vivants aujourd'hui dans l'Église[2].

Une sagesse profonde les avait inspirés. Que la fermeté de ceux qui venaient s'offrir en victimes répondît ou non à leur ardeur trop souvent inconsidérée, il y avait là danger sérieux soit pour la vie des autres chrétiens, soit pour l'extension de la foi nouvelle. Alors que, par un excès de zèle, comme parle un historien ecclésiastique, l'évêque Abdas renversa chez les Perses un temple du feu, une persécution s'éleva, qui, durant trente années, pesa sur les fidèles[3]. Là n'était pas le seul péril. Lors du martyre de saint Polycarpe, un chrétien du nom de Quintus, qui s'était livré de lui-même et en avait, par son exemple entraîné d'autres à le suivre, se sentit glacé de terreur à l'aspect des bêtes féroces et finit misérablement par sacrifier aux idoles[4]. « Voilà pourquoi, dit la lettre encyclique dans la« quelle l'Église de Smyrne raconte le fait, voilà pourquoi nous

[1] *Orat.* XLIII, in laudem Basilii magni, § 5 et 6. Cf. Petri Alexandrini *Canones*, c. IX; Origen. *Comment. in Joh.* XXXVIII, § 18; Clem. Alex. *Strom.* VII, 11, etc.

[2] *Vie de Théophane Vénard, décapité pour la foi au Tong-King, le 2 février 1861.* Paris, 1870, in-18, 3e édition, p. 310.

[3] Theodoret. *Hist. eccl.* IV, XXXIX.

[4] *Ecclesiæ Smyrnensis epistola de martyrio s. Polycarpi*, § 4. *Acta sincera*, p. 38. Euseb. *H. E.* IV, 15. Voir, sur les faits de cette nature, saint Pierre d'Alexandrie, c. VIII, et les commentaires de Balsamon et de Zonare. Deux saints dont le grand évêque d'Hippone a prononcé l'éloge, Castus et Emilius, et qui moururent martyrs après avoir une première fois renoncé dans les tourments, paraissent avoir été de ceux qui s'étaient présentés d'eux-mêmes. Le reproche de témérité que leur adresse saint Augustin en rappelant leur chute, et qui se retrouve chez d'autres écrivains alors qu'ils parlent des fidèles s'offrant volontairement à la persécution, montre que, dans la pensée du grand orateur chrétien, ces deux saints avaient dû faire ainsi. *Sermo* LXXXV, in natali martyrum Casti et Æmilii, § 4.) Voir, pour l'imputation de témérité, Gregor. Naz. *Orat.* XLIII in laudem Basilii magni, § 5; S. Athanas. *De fuga sua*, § 22; S. Ambros. *De offic. ministr.* lib. I, c. XXXVII, § 187.

« ne saurions approuver ceux qui s'offrent d'eux-mêmes au « martyre, alors que l'Évangile ne l'a pas commandé. » De telles défaillances, en effet, comblaient de joie les persécuteurs[1] et mettaient les chrétiens en deuil; aussi bien que la constance intrépide, la faiblesse a sa contagion, et la chute d'un seul suffisait parfois à briser bien des courages[2].

Quelque précise que fût la règle, bien qu'un évêque martyr ait dit publiquement et écrit « que la discipline défend de se livrer soi-même[3], » tous les chrétiens ne se faisaient pas un devoir étroit de se soumettre à cet ordre. Un indomptable désir de combattre pour la foi, une passion de souffrir que la vue même du sang versé ne faisait qu'accroître, avait alors saisi les âmes, et plus d'un tenait à honneur d'appeler sur sa tête la colère des païens. Bien des chrétiens peuvent être cités qui coururent au-devant du péril, et, suivant le mot de saint Athanase, surent montrer par leur constance que l'Esprit-Saint les avait lui-même conduits et soutenus dans la lutte[4]. Mais, tout en honorant leur courage et leur sacrifice, l'Église ne pouvait, je le répète, laisser au libre arbitre de chacun les chances d'une résolution qui intéressait sa grandeur, son repos, la propagation même du christianisme, et si, comme nous le voyons souvent, la volonté qui poussa quelques chrétiens à s'offrir au danger ne fléchit pas dans les tortures, la hardiesse de ces nobles victimes ne fut jamais présentée comme un exemple[5]. Le vrai type du martyre subi selon l'ordre du Christ était et demeurait la mort de Polycarpe, se retirant d'abord devant le

[1] Origen. *Contra Celsum*, VIII, Ed. Cantabr. p. 406; Euseb. *Hist. eccl.* VI, I, initio; Lactant. *Institutiones divinæ*, V, XI et XIII.

[2] Euseb. *Hist. eccl.* V, I, in fine.

[3] S. Cypr. *Acta proconsularia*, c. I; Epist. LXXXIII, § 2, Presbyteris et diaconibus et plebi universæ.

[4] *De fuga sua*, § 22.

[5] Bened. XIV, *De servorum Dei beatificatione*, lib. III, c. XVI, § 9 (t. III, p. 173-175).

péril, puis, lorsque l'heure en fut venue, acceptant le combat sans faiblesse[1].

Une exception cependant était faite à la règle commune[2]; elle regardait ceux qui, ayant renoncé une première fois dans les tourments, imploraient leur pardon et demandaient à rentrer dans le sein de l'Église. Une seconde chute de ces hommes dont on connaissait la faiblesse importait peu à la famille chrétienne, et leur courage pouvait les relever. « Puis-« qu'ils nous montrent tant de hâte à être réconciliés, disait « saint Cyprien, il est en leur pouvoir d'obtenir ce qu'ils sou-« haitent. Le temps où nous vivons est fait pour les combler; « la lutte dure encore et chaque jour voit de nouveaux com-« bats. Si le repentir et la foi les dominent, ceux qui ne veu-« lent pas attendre peuvent, dès à présent, remporter la cou-« ronne[3]. »

Quel que soit le nombre des documents qui nous sont parvenus sur l'âge des persécutions, nous ne savons ce que le libre arbitre laissé à l'esprit de chacun, dans un temps où les hérétiques mêmes prétendaient avoir leurs martyrs[4], avait pu, avait dû enfanter de traits imprévus et bizarres; mais, s'il

[1] *De mart. Polyc. eccles. Smyrn. epistola*, § 19 : μάρτυς ἔξοχος, οὗ τὸ μαρτύριον πάντες ἐπιθυμοῦσι μιμεῖσθαι, κατὰ τὸ Εὐαγγέλιον Χριστοῦ γενόμενον. (*Acta sinc.*, p. 44.)

[2] J'ose à peine citer ici une autre exception, faite pour le cas où un chrétien compromettrait en se cachant l'existence d'autres fidèles. Plusieurs martyrs se sont courageusement livrés en pareille circonstance; mais un canon de saint Pierre d'Alexandrie, qui paraît avoir fait de même (*Acta*, dans la *Patrol. græca* de Migne, t. XVIII, p. 460, 463), établit cependant avec de nombreux textes qu'on n'avait pas, dans ce cas même, à se livrer aux persécuteurs. (Can. XIII.)

[3] *Epist.* XIII, ad Clerum, de his qui ad pacem festinant, § 4. Cf. Petri Alexandrini *Canones*, VIII, avec les commentaires de Balsamore et de Zonare. L'histoire des martyrs de nos jours montre que la liberté de s'offrir d'eux-mêmes à la persécution est encore concédée aux apostats. (*Vie de Théoph. Vénard*, 3e édition, p. 277.)

[4] *Passio s. Pionii*, § 11 (*Acta sinc.* p. 145); Euseb. *H. E.* V, XV, XVI, XVIII; *Mart. Pal.* X; *Conc. Laod.* c. IX, etc.

nous est permis d'imaginer, par la comparaison d'une époque voisine, le degré que la témérité a pu atteindre en cette matière, l'histoire du IVᵉ siècle nous montrera une fois de plus combien une règle définie avait été indispensable.

Sur cette même terre d'Afrique où le poëte Commodien avait autrefois dû chercher à tempérer la passion du martyre[1], s'éleva une hérésie puissante, celle des Donatistes, dont quelques adhérents devaient porter à un excès étrange le désir de mourir en victimes.

C'étaient les Circoncellions.

Les martyrs avaient, se disaient-ils, péri de mort violente; c'était donc devenir un des leurs que de mourir comme eux. Sortir violemment de cette vie, tels devenaient dès lors leur visée et leur rêve. Il nous faut certes la masse des témoignages que nous ont transmis les anciens pour croire à une telle folie. Les écrivains sacrés, les conciles, nous en disent l'étendue et les fureurs[2].

Ainsi que des démons déchaînés, les Circoncellions parcouraient la province, répandant partout la terreur; parfois, dans les fêtes païennes, ils venaient braver les assistants, pour se faire tuer par eux; mais ces insultes faites à des ennemis du Christ n'étaient pas ce qui, dans leur pensée, devait leur faire gagner le ciel; de quelques mains qu'ils périssent, que ce fût par l'ordre d'un magistrat ou dans quelque rencontre, quelque lutte provoquée à dessein, par le suicide même, ce trépas les faisait saints et cette bizarre croyance troubla longtemps le repos de l'Afrique. Se jeter à la mer, se brûler vif comme

[1] *Instr.* LXII, Martyrium volenti.

[2] S. August. *Epist.* CLXXXV, c. III, § 12, Bonifatio; *Contra Gaudent.* I, 28; *De unitate ecclesiæ*, XIX, 50; *De hæresib.* c. LXIX; S. Optat. lib. III, p. 57; Philast. *De hæres.* c. LXXXV; Paulus, *De hæres.* c. XLII; *Conc. Carthag.* I, can. 2, etc.

l'avait fait autrefois le philosophe Peregrinus, telle était, pour quelques-uns d'entre eux, la voie du céleste bonheur; mais c'était par troupes entières qu'ils couraient se précipiter du haut des roches; pauvres fous qui, selon le mot d'un ancien, agissaient poussés par le démon, qui autrefois avait dit au Seigneur : « Précipite-toi du haut du temple[1]. »

Il était encore, pour ces hommes, d'autres moyens de chercher la mort : soit à prix d'argent, soit par violence, ils obtenaient que quelqu'un les frappât. Théodoret raconte, à ce sujet, un fait singulier : « Un jour, dit-il, des Circoncellions rencon- « trèrent et entourèrent un jeune homme résolu; ils lui pré- « sentèrent une épée nue, lui ordonnant de les égorger, s'il ne « voulait être tué lui-même. — Je crains, leur objecta celui-ci, « qu'en voyant tomber quelques-uns des vôtres, vous ne chan- « giez de sentiment et que vous ne me punissiez de vous avoir « obéi. Laissez-moi donc vous lier d'abord, et je consentirai à « vous frapper. Ils l'écoutèrent, et, aussitôt que le jeune homme « les eut attachés, il les chargea de coups de verges et les aban- « donna, sauvant sa vie sans verser le sang de ces malheu- « reux[2]. »

Ce fut contre les Circoncellions que le grand évêque d'Hippone dut si souvent redire ces sages paroles : *martyrem non facit pœna sed causa*[3]. Leur persuasion était ailleurs; une foule grossière honorait comme autant de soldats du Christ ces hommes tombés victimes de leur propre folie; on fêtait le jour de leur décès, de même que faisait l'Église pour les *natalitia* des martyrs, et, afin qu'entre les vrais fidèles et les sectaires

[1] S. Petrus Chrysol. Sermo XIII De jejunio et tentat. Christi; Cf. S. August. *Epist.* CLXXXV. Bonifatio, c. III, n° 12.

[2] *Hæretic. fab.* lib. IV, c. VI, de Donatistis, t. IV, p. 239. — [3] *Serm.* CCLXXV; CCLXXXV, § 2; CCCXXVII, § 1; CCCXXXI, § 2, CCCXXXV, § 2; *Epist.* LXXXIX, § 2; CVIII, c. V, § 14; CCIV, § 4, etc

l'assimilation fût complète, on retrouvait chez ces derniers une grossière parodie de cette préparation au martyre dont j'ai tenté ailleurs de faire revivre les traits[1].

Voilà à quels excès étranges une ardeur inconsidérée, le mépris des lois de la discipline, pouvaient entraîner les masses. Aux yeux de ces infortunés, les textes saints eux-mêmes autorisaient et commandaient un pareil sacrifice. Razias, disaient-ils, n'a-t-il point péri volontairement? Ne s'est-il pas frappé d'un coup d'épée, puis jeté du haut d'une tour, et n'a-t-il point enfin, obstiné à mourir, arraché lui-même ses entrailles[2]?

A l'âge des persécutions païennes, la fièvre furieuse des sectaires africains n'avait point, à coup sûr, saisi les fidèles; mais la répétition même, en des temps, en des lieux éloignés, de la règle édictée par l'Église, suffirait à montrer, à défaut d'autres preuves, que ses sages prescriptions ne furent pas toujours obéies, et que plusieurs, parmi les fils du Christ, se regardaient comme maîtres absolus de leur résolution et de leur sang[3]. Ce qu'ils alléguaient pour le prétendre et pour chercher le combat, les documents parvenus jusqu'à nous ne me paraissent pas le montrer nettement. Nous sommes loin en effet de posséder, sur les questions mêmes les plus brûlantes qui s'agitèrent à l'âge héroïque de l'Église, des renseignements précis et étendus; mais, si, nous reportant à une époque qui vit reparaître cette controverse, nous en étudions les éléments, nous pouvons y retrouver des données qui ont ici leur importance.

[1] Συχνοὶ γὰρ ἐκ τούτων παραπλησίως τοῖς Φασιανοῖς ὄρνισι πιανθέντες. (Theodoret. *loc. cit.* Cf. *Mém. de l'Acad. des inscr.* t. XXVIII, 1re partie, p. 74.)

[2] S. Aug. *Epist.* CCIV, § 8, Dulcitio.

[3] A côté des nombreux exemples que nous fournissent les Actes des martyrs, on peut citer entre autres le traité *De fuga* écrit par Tertullien après sa chute, et le témoignage de saint Justin, *Apolog.* II, § 12, celui de Lucien, *De morte Peregrini*, c. XIII.

Lorsqu'au IXe siècle les Arabes persécutèrent les chrétiens d'Espagne, on vit renaître parmi ces derniers le désaccord des anciens jours. Cette passion de souffrir pour le Christ, qui avait autrefois saisi les fidèles, reparut chez leurs fils plus vivante que jamais. Alors se débattit, comme autrefois sans doute, la question de savoir si le chrétien devait ou non s'exposer au péril; le mérite, le droit des victimes volontaires, furent ardemment attaqués et soutenus; on allégua, suivant la coutume, le texte des livres saints, et les opinions opposées y voulurent également trouver des arguments et un appui. Je ne saurais dire, à coup sûr, bien que nous en trouvions plus d'un indice [1], si la discussion reprit les passages mêmes qu'avaient pu invoquer les anciens; mais l'érudition du saint qui nous fait assister à cette lutte, le nombre des documents antiques qu'il invoque à chaque page, le soin qu'il apporte à reproduire, dans ses divers écrits, les expressions mêmes des temps passés, permettent de croire que la controverse engagée au IXe siècle peut, dans une certaine mesure, représenter les éléments de celle dont nous ignorons le détail.

« N'allez pas provoquer, insulter les infidèles, opposait-on « d'une part [2], car le Seigneur a dit : *Aimez vos ennemis* (Matth. « v, 44, 45); *n'usez de violence avec personne* (Luc, III, 14). Jé« sus-Christ n'a point répondu aux injures par des injures, aux « mauvais traitements par des menaces (I, Petr. II, 23), et saint « Paul, d'ailleurs, a écrit : *Le royaume du ciel ne s'ouvrira pas pour « ceux qui profèrent des paroles de malédiction* (I, Cor. VI, 10) [3]. »

Devant ces graves autorités, les chrétiens du parti opposé

[1] Voir ci-dessous, p. 16 et 18.

[2] Eulog. *Lib. mem. Sanctorum*, I, 18.

[3] On remarquera cette même citation faite par Origène dans une discussion qui n'est pas sans rapport avec le fait qui nous occupe, et où le célèbre écrivain soutient que des fidèles se gardent d'insulter les Dieux des païens (Voir ci-dessous, p. 18).

ne demeuraient pas sans réponse. Le livre qui, aux temps antiques, avait été le vrai guide des martyrs, l'évangile de saint Matthieu[1], était celui que l'on opposait encore à qui voulait recommander la prudence. On y montrait les paroles du Seigneur : *Ce que je vous dis dans les ténèbres, répétez-le à la lumière du jour; ce qui vous est dit à l'oreille, publiez-le sur les toits* (x, 27). « C'est par la violence, ajoutait-on, que l'on force l'entrée « des cieux (Matth. xi, 12). Revêtez donc les armes de la jus- « tice et jetez-vous sur la place publique, annonçant l'Évangile « du Seigneur aux princes et aux nations de la terre. » Un texte par-dessus tous les autres semblait autoriser et commander la spontanéité du sacrifice; c'étaient les paroles du cantique de Debbora et de Barac : *Bénissez le Seigneur, fils d'Israël, vous qui avez volontairement exposé votre tête au péril* (v, 2)[2]. Puis venaient les exemples des saints dont l'Église, par une dérogation qu'a inspirée l'Esprit d'en haut[3], vénère les noms : Félix, Adrien, Juste, Pasteur, et tant d'autres qui se sont offerts d'eux-mêmes et ont remporté la couronne. On montrait, dans les Actes de saint Émétère, alors aux mains des chrétiens, tels qu'ils sont aujourd'hui dans les nôtres, ces mots écrits, disait-on, par un sage : « Au premier rang des bienheureux « marchent ceux qui, sans être recherchés, se sont présentés « au martyre; il est glorieux de se jeter dans le péril, alors « qu'il n'y aurait pas de crime à se dérober[4]. »

Quelle que fût l'immense ardeur qui poussait à la lutte les chrétiens d'Espagne, les plus hardis eux-mêmes n'avaient point entièrement oublié la prudence des temps antiques. Tous sui-

[1] Voir mon mémoire sur la préparation au martyre. (*Mém. de l'Acad. des inscript.* t. XXVIII, 2ᵉ partie, p. 68.)

[2] Eulogius, *Liber memorialis Sanctorum*, lib. I, 5 et 6.

[3] S. August. *Civ. Dei*, I, 26.

[4] Eulogius, *Liber memorialis Sanctorum*, lib. I, § 22 et 24. Cf. Bolland. t. I, mart. p. 231. (*Acta s. Emet. et Celed.* § 2.)

vaient avec inquiétude ces dévouements qu'une défaillance finale pouvait faire tourner à la confusion commune. Le fidèle, dit saint Cyprien, ne saurait remporter la palme, si l'Église ne l'a pas armé pour le combat [1]. On se souvenait de cette parole, des enseignements prodigués aux martyrs d'autrefois, de cette communion qui leur était donnée à l'heure suprême pour les faire invincibles [2], et un fait rapporté par Euloge, ce grand champion de la témérité, montre que, même parmi ses adhérents, on n'entendait pas abandonner au hasard de leur résolution ceux qui voulaient s'offrir en victimes.

En 852, à Cordoue, un jeune homme appelé Aurelius, fut saisi de la soif du martyre, en voyant promener par les rues un marchand chrétien que les musulmans venaient de flageller. Il alla trouver le prêtre Alvar, savant docteur qu'Euloge saluait comme un maître, et le consulta sur son dessein. Se référant, dit saint Euloge, aux enseignements des Pères de l'Église [3], et se rappelant les graves raisons qui leur faisaient commander la prudence, Alvar invita le jeune homme à consulter ses forces, à rentrer en lui-même, à se bien demander si, devant le supplice, il ne se sentirait pas faiblir; il fallait, ajoutait le prêtre, que l'espoir d'acquérir un nom célèbre l'occupât moins que la ferme volonté de souffrir pour le Christ; la couronne était à ce prix. Ainsi avaient parlé les grands docteurs des temps anciens, Origène, saint Jérôme, saint Ambroise [4], et, si la conclusion du prêtre de Cordoue devait s'écar-

[1] *Epist.* LIV ad Cornelium, § 3 et 4.

[2] Voir mon mémoire sur la préparation au martyre. (*Mém. de l'Acad. des inscript.* t. XXVIII, 2e partie, p. 58.)

[3] « Patrum exemplis instituens. » Eulogius, *Memoriale Sanctorum*, lib. II, c. x, § 11.

[4] S. Ambros. *De officiis ministrorum*, lib. I, c. XXXVII, § 187 : « Ne temere aliquis, dum martyrii desiderat gloriam, offerat se periculis quæ fortasse caro infirmior aut remissior animus ferre ac tolerare non queat. » Voir, dans le même sens, Origène, *Comment. in Johann.*

ter de la règle qu'avait tracée la discipline, du moins les enseignements de l'antique prudence n'étaient pas entièrement oubliés.

Aurelius chercha et subit le martyre; mais ce fut sans bruit, sans éclat; interrogé sur une visite faite publiquement à l'église, il répondit d'un cœur tranquille que les chrétiens devaient venir prier aux saints lieux, aux tombeaux des martyrs, et qu'il était chrétien. Ce fut là son arrêt de mort, et l'Église le salue comme un saint, parmi tant d'autres dont la constance, égale à l'éclat de leur audace, montra que l'esprit de Dieu lui-même les avait inspirés et soutenus [1].

II

Plus étroite était la règle édictée contre ceux qui provoquaient les païens par des actes de violence. Le premier texte qui nous l'apprenne est de tous le plus absolu; sur ce point, la prohibition est appuyée d'une sanction pénale. En 305, les Pères du Concile d'Illibéris en Bétique écrivent dans l'un de leurs canons : « Si quelqu'un brise les idoles et est tué pour « ce fait, il ne sera pas inscrit au nombre des martyrs; car « nous ne voyons pas dans l'Évangile que les Apôtres aient « rien fait de semblable [2]. »

Là n'est pas le seul témoignage de l'éloignement conçu par les premiers chrétiens pour les violences dirigées contre les objets des autres cultes, et que l'Église devait proclamer même après l'heure de la victoire, alors que les lois de l'État n'au-

XXVIII. § 18, ed. Bened. t. IV, p. 397, etc. Hieron. *Commentarius in Epistolam ad Galatas*, cap. v, Ed. Bened. tom. IV, p. 307 : « Quod dudum timeo dicere « sed dicendum est, martyrium ipsum « si ideo fiat ut admirationi et laudi habeamur a fratribus, frustra sanguis effusus est. »

[1] Telles sont les expressions mêmes de saint Athanase. *Apologia de fuga sua*. § 22, Ed. Bened. t. I, p. 333.

[2] *Can.* LX.

raient rien commandé à cet égard[1]. Il en est une marque plus antique dans ce passage du livre d'Origène contre Celse. « Mon adversaire prétend, dit le grand docteur, que les chrétiens parlent ainsi : « Voyez-moi devant les statues de Jupiter, d'A- « pollon ou de quelque autre dieu; je les outrage, je les souf- « flette, et pourtant elles ne se vengent pas. » Si jamais il a entendu quelqu'un s'exprimer de la sorte, ce ne peut être qu'un chrétien du dernier ordre, quelque indiscipliné, quelque ignorant. Ne sait-il pas que, dans la loi divine, il est écrit : « Tu « n'outrageras pas les dieux ? » Il ne faut point, ajoute Origène, parlant comme devaient le faire plus tard ceux qui condamnèrent en Espagne les écarts du zèle téméraire, il ne faut pas que notre bouche s'accoutume à maudire; car il est écrit : « Bénissez, ne maudissez pas, » et nous savons que les médisants n'entreront pas dans le royaume des cieux[2]. »

Quoi qu'il en soit de l'interprétation qu'Origène, d'accord avec les Septante, Josèphe, Philon et saint Cyrille d'Alexandrie[3], donne ici d'un texte de l'Exode (XXII, 28), ses paroles nous montrent clairement que, vers le milieu du IIIe siècle, c'est-à-dire au temps même où l'on place le martyre de Polyeucte, les chrétiens tenaient pour condamnable et contraire à la discipline, un outrage fait aux statues des dieux, par quiconque n'était pas appelé à confesser sa foi devant un juge païen[4].

En 303, à Nicomédie, un chrétien arrache et déchire un

Voir ci-dessous, p. 19, 20.

Lib. VIII, p. 402.

Joseph. *Ant. Jud.* IV, VIII, X; Philo, *De Mose*, lib. III (ed. Mangey, t. II, p. 166); Cyrill. Alexandr. *Comment. in Johann.* lib. XII, vers. 9, t. IV, p. 1047-1048.

Il faut évidemment réserver ici, avec les théologiens, les faits tels que ceux de sainte Valentine et de sainte Eulalie, brisant, devant le tribunal, les idoles qu'on voulait les contraindre d'adorer. (Euseb. *Mart. Palæst.* VIII; Prudent. *Peristeph.* III, v. 128-130.)

édit de persécution; « il a mal fait, » écrit Lactance[1], tout en rendant hommage à son intrépidité devant la mort.

Malgré toute l'ardeur de ses attaques contre Julien l'Apostat, saint Grégoire de Nazianze l'excuse d'avoir frappé, pour venger la destruction d'un temple de la Fortune, les habitants de Césarée; il a pour ces derniers des paroles de blâme[2], sur lesquelles insiste Élie de Crète[3].

Lorsque Théodoret raconte comment l'évêque Abdas renversa en Perse un temple du feu, il condamne par deux fois, dans son récit, ce mouvement inconsidéré. La sévérité de l'historien est fondée sur le motif même qu'avaient autrefois invoqué les Pères d'Illibéris : le divin apôtre, écrit-il, n'a point renversé à Athènes les autels des gentils[4].

Moins sévère dans ses expressions pour la destruction des idoles que ne l'avait été le concile de 304, le grand évêque d'Hippone n'estime pas pourtant que les chrétiens tués pour ce fait puissent être mis au nombre des saints. « Si les Circoncel- « lions qui se font égorger par les païens, dit-il, se dévouaient à « la mort en brisant les images des dieux, leur trépas pourrait, « à la rigueur, présenter quelque apparence d'un martyre, « *possent habere qualemcumque umbram nominis martyrum*, » encore faudrait-il, dans sa pensée, qu'ils eussent reçu de par les lois, la mission de se porter à une semblable extrémité[5]. Telle était, pour lui comme pour tant d'autres, et telle devait rester la règle : tant qu'une loi n'avait pas décrété la proscription d'un culte et de ses cérémonies, ce culte devait être respecté

[1] « Non recte. » (*De mortib. persec.* c. XIII.)

[2] *Orat.* IV, Contra Jul. I, § 92, ed. Bened. t. I, p. 126.

[3] Voir deux passages de ce dernier dans ses commentaires sur saint Grégoire de Nazianze. (Greg. Naz. ed. Billii, 1680, t. II, p. 353 et 749.)

[4] *Hist. eccl.* IV, XXXIX.

[5] S. August. *Epist.* CLXXXV, Bonifatio c. III, § 12 et *Sermo* LXII, de verbis Ev. Matthaei, VIII, § 17.

dans ses temples, dans ses images, et lorsque, autrefois persécutée, l'Église eut à son tour la force, les agressions inconsidérées contre les juifs, les païens et les hérétiques, furent sévèrement condamnées[1].

Je me résume. Au point de vue des commandements de la discipline ecclésiastique, il est, dans le fait mentionné dans l'une des relations de la mort de Polyeucte, deux actes distincts également condamnés quoique à un degré différent : la mort cherchée volontairement, alors que rien ne menaçait le chrétien; le violent défi jeté aux infidèles par la destruction de leurs idoles; et le canon du concile d'Illibéris montre que, sur ce dernier point, une prohibition absolue et conforme au sentiment commun des docteurs avait été nettement formulée.

En transcrivant d'après Surius, en tête de sa tragédie, le récit de la mort de Polyeucte, Corneille se propose, dit-il, de montrer ce qu'on doit accepter comme historique dans son œuvre, et « de donner cette lumière pour démêler la vérité « d'avec les ornements réclamés par l'action scénique. » Mon scrupule est de même nature, et, si je suis loin de rejeter comme apocryphe, bien que le martyrologe romain le passe d'ailleurs sous silence, l'épisode brillant qu'a développé le poëte, du moins ai-je cru pouvoir montrer, par le rapprochement des textes anciens, que le zèle héroïque de Polyeucte sort des conditions communes, que plus d'un grand docteur l'a tenu pour téméraire, et que l'Église même refusa, au moins en 304, d'inscrire au livre de ses martyrs ceux qui auraient, comme l'époux de Pauline, appelé la mort sur leur tête en renversant les statues des faux dieux.

[1] S. Ambros. *Epist.* XL, Theodosio; Greg. Magn. *Reg. epist.* lib. VII, ind. 2. Ep. v, Januario.

www.ingramcontent.com/pod-product-compliance
Lightning Source LLC
LaVergne TN
LVHW050511160826
845677LV00003B/1077

* 9 7 8 2 3 2 9 6 2 1 8 6 9 *